UNE MAISON POUR TOUJOURS

Isabelle Bernier

Une maison pour toujours

Isabelle Bernier

isabellebernierconnexion@gmail.com

Illustrations : Isabelle Bernier

Avec la participation spéciale d'Arielle Audy Bernier

Dépôt légal – Bibliothèque et archives nationale du Québec, 2017

ISBN : 978-2-9816809-1-4

Magog, Québec

UNE MAISON POUR TOUJOURS

Isabelle Bernier

À ma grande Arielle

Tu m'inspire par ta sagesse, ta volonté et ton courage. Cette maison, je nous la souhaite.

Je t'aime

Un jour, tu m'as demandé : « Maman, est-ce que c'est possible d'avoir une maison et de la garder tout le temps?

Mon amie, elle en a une depuis qu'elle est née et elle y habite encore ».

Une maison, pour certains, ça peut être comme une valise : on la transporte avec tout ce qu'elle contient quand on veut explorer de nouveaux territoires. On la transforme. On y trouve des idées pour nos aventures.

Une maison, c'est aussi un endroit où on se sent chez nous. Elle ne nous appartient pas toujours; on peut l'emprunter : on dit alors qu'on la loue. Elle peut être **petite**, moyenne, grande ou énorme, selon les besoins et les choix des parents.

La taille des maisons

PETITE

MOYENNE

GRANDE

Une maison, ça peut être un refuge. Ça peut être un endroit pour se reposer. Ça peut aussi être un endroit pour retrouver les gens qu'on aime. Ça peut enfin être le lieu où les animaux, les oiseaux, les poissons habitent, adoptés par la famille.

On habite la maison

Il y a des maisons en ville, des maisons en campagne, des **maisons dans les grands centres** et des **maisons en région éloignée.**

Elles peuvent s'appeler : appartement, loft, jumelé, maison unifamiliale, bigénérationnelle ou ancestrale. De nos jours, on parle même de maison écologique ou écoénergétique.

Types de maisons

appartement

Loft

Jumelé

Unifamiliale

Bigénérationnelle

Ancestrale

Toi, la maison que tu imagines, à quoi

ressemble-t-elle? Et où est-elle située?

La maison dessinée par Arielle!

En juillet, au Québec

Juillet, pour plusieurs familles de notre coin de

pays, représente le moment du déménagement.

« Oh, non! Pas encore! »

On déménage...

Il est vrai qu'il n'est pas toujours facile de changer de maison, de mettre en **boite** les objets qu'on aime. Pas facile de dire au revoir à un endroit qu'on appréciait. De, peut-être, quitter les amis et changer d'école.

Déménager, c'est comme un **petit** ou un grand voyage. C'est insécurisant, mais peut aussi paraître excitant : on change de paysage, on découvre de nouveaux endroits, on se familiarise avec **quelque chose de différent**.

Déménager, ça peut être excitant

Déménager, c'est accepter de décorer à nouveau sa chambre et sa maison. Ça peut permettre de se créer un nouvel environnement. C'est aussi réveiller sa créativité pour construire en soi et autour de soi ce qu'on aime et qu'on apprécie, ce qui nous fait du bien.

Et cela permet de se sentir en sécurité.

Réveiller sa créativité

En fait, quand on déménage, on a besoin de

prendre soin de ce sentiment de sécurité. De le

rassurer, comme s'il était **un ami très précieux.**

Tu sais, changer de maison, ça peut aussi être un

cadeau.

Parfois, c'est une urgence. Parfois, c'est une

étape. Un pas vers quelque chose de mieux.

Vers nos rêves.

Un pas vers nos rêves

Je sais qu'il n'est pas toujours facile de suivre ses

parents là où ils l'ont choisi – j'ai **souvent**

souvent souvent déménagé!

20

On peut avoir l'impression de tout recommencer.

D'avoir à trouver tout un tas de nouveaux trucs

(un parc, une piscine, une bibliothèque, une

aréna, etc.). Sans oublier le changement de

routine : autobus, *pas d'autobus*, école, service

de garde, autres activités.

« Je n'aime pas ça! Je la trouve belle, notre

maison. Quand va-t-on avoir une maison pour

toujours? », m'as-tu déjà demandé. Ça m'a

émue.

Se sentir *émue* (*ému* pour les garçons), c'est te

sentir toute (tout) drôle, avoir envie de rire et de

pleurer à la fois lorsque tu vis quelque chose qui

est important pour toi, que tu partages avec

d'autres. C'est parfois aussi le signe que les

émotions, les larmes et les rires, sont juste là,

tout près.

Se sentir *émue*

J'aime beaucoup quand tu me parles de ce que tu

ressens. De ce que tu aimes et de ce que tu

n'aimes pas. De ce que tu penses. Et, en ce

moment où je me sens émue, j'ai aussi envie de

t'écrire que, de tout cœur, je souhaite nous offrir

un jour cette maison que nous pourrons habiter

même lorsque passe le mois de Juillet.

Je sais qu'elle existe, quelque part, juste après

l'imagination. Elle nous attend.

Je crois qu'il nous faut encore l'imaginer, bien sûr, pour qu'elle se sente bien invitée à venir à notre rencontre.

Il nous faut l'imaginer pour que naisse l'histoire de cette maison. Pour que son histoire rejoigne la nôtre et que nos rêves existent un peu plus fort.

Parce que la maison, elle naît dans notre cœur.

Elle y est depuis toujours.

À propos de l'auteure

Isabelle est une artiste, une auteure, une sportive et aussi une maman à l'imagination débordante. Elle aime les défis presqu'autant qu'elle adore créer. Son grand plaisir : savourer la vie!

Isabelle Bernier

isabellebernierconnexion@gmail.com

Magog-Orford, Québec

www.ingramcontent.com/pod-product-compliance
Lightning Source LLC
Chambersburg PA
CBHW041810040426

42449CB00001B/37